EDICT DV ROY, POVR LA CREATION DE CENT OFFICES de Secretaires ordinaires de sa Chambre.

A PARIS,

Par FEDERIC MOREL & PIERRE METAYER Imprimeurs & Libraires ordinaires du Roy.

M. DC XIIII.

Auec Priuilege dudict Sieur.

EDICT DV ROY, POVR LA CREATION DE CEMT OFFICES DE Secrettaires de sa Chambre.

LOVIS PAR LA GRACE DE DIEV ROY DE FRANCE ET DE NAVARRE. A tous presens & aduenir : Salut. Les Roys nos predecesseurs, tant pour la decoration de leur maison Royalle, que pour plusieurs vtiles considerations, Ayant cy deuant estably certain nombre de Secrettaires de leur Chambre, dont ils se sont seruis vtilement en plusieurs occasions, sans qu'il s'y soit commis aucun abus. Toutesfois comme les

choſes les mieux inſtituées ſe cor-
rompent par le temps, il eſt aduenu
vn tel deſordre, par vn nombre ex-
ceſſif deſdits Secrettaires, qui eſt à
preſant eſpendu, tant à noſtre ſuitte,
que par les Prouinces de noſtre Royaume, que non ſeulemẽt la plus part
ſont du tout inutiles à noſtre ſeruice,
mais auſſi tres-dommageable à nous
& à nos ſubjects, en ce qu'ils les di-
ſtrayent de leurs Iuriſdictions ordinaires, en vertu des Committimus
qu'ils ſe font expedier en nos Chan-
celleries, & les contraignent par ce
moyen de venir plaider auec grands
fraiz & incommoditez aux Reque-
ſtes de nos palais ou de noſtre Hoſtel
outre qu'ils iouïſſent ſoubs pretexte
de la dite qualité des priuileges & immunitez attribuez à nos officiers, do-
meſtiques & Commenſaux, & demeurent exempts des charges auſ-
quelles ils deuroient cõtribuer à no-

ſtre tref-grãd prejudice & de noſdits ſubjects. Pour à quoy pouruoir, nous aurions faict expedier nos lettres de declaration du XIIII. iour de Feurier dernier, addreſſantes à noſtre Chambre des Comptes, pour attribuer ladite qualité de Secrettaire de noſtre Chãbre à cent de nos Conſeillers & Secrettaires de noſtre maiſon & Couronne: à la verification deſquelles lettres noſtredite Chambre des Comptes n'auroit voulu proceder, ains auroit ordonné que nous ſerions ſuppliez reduire ledit nombre deſdits Secrettaires de noſtre Chambre au nombre ancien, ou tel autre qu'il ſeroit par nous aduiſé. Surquoy apres auoir bien & meurement ſur ce faict deliberer en noſtre Conſeil, & conſideré que pour conſeruer la ſplendeur de noſtre maiſon Royalle, que ledit nombre ne peut eſtre moindre que de cent, & qu'il est plus vtille & àpropos pour nostre seruice de bailler ladite qualité de Secrettaires de nostre Chambre à autres qu'à nosdits Secrettaires de nostre maison & Courõne, qui sont tousiours occupez pres de nous à l'exercice de leurs charges & desquels nous ne pourrions nous seruir, tant en diuers voyages, qu'autres occasions où lesdits Secrettaires de nostre Chambre peuuẽt par nous commodement estre emploiez. SÇAVOIR FAISONS, Qu'àpres auoir eu sur ce l'aduis de la Royne Regente (nostre tres-honorée Dame & Mere) des Princes de nostre sang, & autres grands & notabes personnages de nostredit Conseil: de nostre certaine science, plaine puissance & authorité Royalle, nous auons reuoqué & reuoquons nosdites lettres de declaration cy dessus, & pour remedier ausdits desordres & abus.

AVONS par cestuy nostre present Edict perpetuel & irreuocable, Creé & Erigé, Créons & Erigeons, ledit nombre de cent Secrettaires ordinaires de nostre Chambre, en tiltre d'office formé, auec la qualité de nos Conseillers, pour y estre dés à present par nous pourueu de personnes capables, & cy apres quand vacation aduiendra par mort, resignation, ou autrement. Et en ioüir à pareils honneurs, auctoritez, priuileges & exemptions que font nos officiers domestiques & commensaux, conformement à nos lettres de declaration du mois de Decēbre 1611 deuëment verifiées : Sans qu'autres que ceux qui seront par nous pourueuz desdites officesde Secrettaires de nostredite Chambre, en vertu de nostre present Edict, & qui auront pour ce financé en nos parties Casuelles, puissent iouïr desdits priuileges & Committimus: Ausquels nous auons attribué quatre cens liures de gages par chacun an, dont nous voulons & entẽdons qu'ils soient payez sur les deniers prouenans tant des vingt quatre liures que parisis d'iceux imposez pour le droit d'ébouchеure sur chacun muid de sel apporté par les Riuieres de Seyne & Loyre, pour le fournissement des greniers estãs au dessous des ponts de Rouen & Ingrande. Lesqules deniers n'estans quant à present destinez à aucun effect, Nous auons affectez au payement desdits gages, iusques à la somme de quarente mil liures par chacun an, dont voulons & entendons que la recepte & recouurement soit fait par le Tresorier de nostre maison, pour y satisfaire, sans qu'ils puissent estre ailleurs employez. Et où lesdits deniers desdits vingtquatre liures & parisis ne seroiẽt suffisans pour

pour le payement desdits gages, & ne se monteroient iusques à ladite somme de XL. mil liures, nous voulons & entendons le surplus estre payé par lesdits Tresoriers de nostre maison sur les deniers tant ordinaires, qu'extraordinaires de nostre Espargne, dont fonds leur sera fait & laissé au commancement de chacune année. Tous lesquels cent Secretaires ordinaires de nostre Chambre, Voulons y auoir entrée pour nous seruir en ce qui sera besoin, & prester le serment és mains de nostre Grand-Chambellan, ou en son absence du premier Gentilhomme de nostre Chambre qui sera en charge. Et afin que lesdits cent Secretaires de nostredite Chambre ne soient & ne demeurent inutiles & sans fonctiō. NOVS voulons & ordonnons qu'ils soient priuatiuement à tous autres doresnauant pris, emploiez

& nommez par nostre tres-amé & feal Chancellier de France, & ainsi qu'il verra bon estre, pour Greffiers en toutes les executions des Commissions extraordinairs qui seront expediées soubs nostre grand sceau pour nostre seruice, mesmes és executions de nos Edits & Ordonnances, Arrests de nostre Conseil, ou autrement, en quelque sorte que ce soit, & iouyr des droits y appartenans, A la charge d'assister les Commissaires qui seront deputez pour lesdites executions par tout où besoin sera, tenir bons & fidels Registres desdites executions, & en garder les papiers & minuttes pour y auoir recours si besoin est. Et que lesdits cent Secrettaires de nostredite Chãbre iouissent de la dispence des quarente iours accordez à tous nos autres Officiers, en payant comme eux le droict annuel. SI DONNONS EN

MANDEMENT A nostre tres-amé & feal le Sieur de Sillery Chancellier de France, de faire lire & publier nostre present Edict en nostre grand'-Chancellerie, le sceau tenant, & iceluy faire garder, entretenir & obseruer selon sa forme & teneur: Et à nos amez & feaulx Conseillers les gens de nos Cõptes à Paris de le faire aussi lire, publier & enregistrer: Et de tout le contenu en iceluy souffrir & laisser ioüir & vser plainement & paisiblement tous ceux & ainsi qu'il appartiendra, sans aucun trouble & empeschement, & afin que ce soit chose ferme & stable à tousiours, nous y auons fait mettre nostre seel. DONNÉ à Fontainebleau au mois d'Octobre, L'an de grace mil six cens treize, & de nostre Regne le quatriesme. Signé LOUIS: Et sur le reply, par le Roy la Royne Regente sa mere presente, Phelippeaux: Et scellé sur laqz de soye rouge & verte, du grand sceau de cire verte : Et sur le reply, Visa, & encores sur ledit reply este script. *Leu, publié & registré en la Chambre des Comptes, ouy & ce consentant le Procureur general du Roy, Suiuant l'Arrest de ce faict, le 16. iour d'Octobre mil six cens treize.*

Signé, BOVRLON.

VEV PAR LA CHAMBRE Les lettres patẽtes du Roy en forme d'Edict données à Fontainebleau au present mois d'Octobre, signées Louis, & sur le reply par le Roy, la Royne Regente sa mere presente Phelippeaux. Par lesquelles & pour les causes y contenuës sa Majesté a Creé & erigé cent Secretaires ordinaires de sa Chambre en tiltre d'office, formé auec la qualité de ses Conseillers pour y estre dés à present pourueu de personnes capables, & cy apres quand vacation aduiendra par mort, resignation, ou autrement, aux honneurs, authoritez, priuileges & exemptions que ses officiers, domestiques & commensaux, conformement à ses lettres de declaration du mois de Decembre mil six cens vnze, & aux gages de quatre cens liures par an, ainsi que plus au long le contiennent lesdites lettres. Autres lettres de declaration de sadite Majesté du treisiesme Feurier dernier portant reduction desdites qualitez de Secretaires ordinainaires de sa Chambre au nombre de cent. Arrest interuenu sur icelles le quinziesme Mars ensuiuant. L'ettres de Cachet de sa Majesté addressante à ladite Chambre pour la verification dudit Edict. Conclusions du Procureur general du Roy, & ouy sa creance sur iceluy Edict, & tout consideré, LA CHAMBRE a ordonné, & ordonne que sur lesdites lettres d'Edict sera mis : Leu, publié & regi, stré, ouy, & ce consentant le Procureur general du Roy : Et ce en faueur de la Royne Regente. Faict le seiziesme iour d'Octobre mil six cens treize, & plus bas Extraict des registres de la Chambre des Comptes.

Signé, BOVRLON.

EXTRAICT DES REGISTRES DE LA COVR DES AYDES.

VEV PAR LA COVR, Les Chambres assemblées, les lettres patentes du Roy en forme d'Edict, données à Fontainebleau, au mois d'octobre mil six cens treize Signées Louis, & sur le reply par le Roy, la Royne Regẽte sa mere presente, Phelippeaux : Et à costé, Viza & seellées de cire verte sur lacqz de soye rouge & verte portant reuocation de ses lettres de declaration du

13. Feurier audit an, d'attribution de la qualité de Secrettaire de ſa Chambre, à cent des Secrettaires de la maiſon & Couronne de France, & au lieu de ce creation & erection en tiltre d'office formé de cent Secrettaires ordinaires de la Chambre de ſa Majeſté, auec la qualité de ſes Conſeillers, pour y eſtre dés à preſent, & quand vacation aduiendra par mort, reſignation, ou autrement, pourueu de perſonnes capables & en ioüir à pareils honneurs, priuileges & exẽptions, dont ioüiſſent les officiers & commenſaulx, conformement à ſes lettres de declaration du mois de Decembre mil ſix cens vnze deuëment verifiées, aux gages & aux charges portées par ledit Edict verifié en la Chambre des Comptes le 16. dudit mois d'Octobre. Autres lettres patentes du Roy, dõnées à Paris le 3. iour du preſent mois de Decẽ-

bre, Signées Louis, & plus bas par le Roy, la Royne Regente sa mere presẽte Phelippeaux, & seellées sur simple queuë, du grand sceau de cire iaune, portant relief d'adresse à ladite Cour, pour verifier ledit Edict: lesdites lettres de declaration du 13. Feurier: actes des oppositiõs formées au greffe de ladite Cour, à la verification dudit Edit par Salomon Charpentier fermier du gros & huictiesme du vin vendu à Paris & Gabriel l'Escouard fermier des quatre sols deux deniers pour muid de vin, entrant à Paris, des 17. & 19. iours dudit present mois: conclusions du Procureur general du Roy & tout cõsideré. L'A COVR, les chãbres assẽblées a ordonné & ordonne, que lesdites lettres en forme d'Edit seront leuës publiees & registrees en icelle, pour estre executées selon leur forme & teneur, & iouyr par ceux qui seront

pourueuz

pourueuz desdits offices de Secretaires de la châbre du Roy, des priuileges, exemptions & immunitez dõt iouissẽt les Officiers domestiques & cõmensaux de la maison du Roy, suiuant lesdites lettres du mois de Decẽbre mil six cens vnze, & arrest donné en cõsequence d'icelles du 4. May 1612. en faisãt le seruice de ladite charge, & ne faisant acte desrogeãt à leurs priuileges. Sans approbation neantmoins de la leuée de vingt quatre liures sur muid de sel qui se fait aux emboucheures de Loyre & Seyne. Et sur l'opposition desdits Charpentier & L'escouard, ordonne ladite Cour qu'ils se pouruoient pardeuers le Roy. Fait à Paris en la Cour des Aydes le 23. iour de Decembre mil six cens treize.

Signé DVPVY.

EXTRAICT DES REGISTRES DV CONSEIL D'ESTAT

LE ROY EN SON CONSEIL, voulant gratifier ceux qui leueront pour la premiere fois en ses parties casuelles les offices de Secretaires ordinaires de sa chambre créez par Edit du mois d'Octobre dernier. SA MAIESTE' ordonne que les lettres de prouision desdits Offices leur seront expediées en rapportant seulemét la quittance du Tresorier de ses parties casuelles, sans tirer à consequence. FAICT au Conseil d'Estat du Roy tenu à Paris le cinquiesme iour de Decembre mil six cens treize.

Signé DEFLECELLES.

EXTRAICT DES REGISTRES DV CONSIEL D'ESTAT.

SVR CE QVI A ESTE' REpresenté au Roy en son Conseil, que sa Majesté par son E'dit du mois d'Octobre dernier auroit creé & erigé en titre d'office, le nombre de cent Secrettaires ordinaires de sa Chambre, & à chacun d'iceux attribué quatre cens liures de gages, sur les deniers prouenant tant des vingt quatre liures, que parisis d'iceux imposez pour le droit d'emboucheure sur chacun muid de sel apporté par les riuieres de Seyne & Loire, pour le fournissement des greniers estans au dessouz de Rouen, & Ingrande, sans autrement specifier par les mains de quelle personne, & en quel lieu le payement desdits gages se feroit. Ny par ledit Edit, taxé le droit annuel que payerōt lesdits Officiers, pour iouyr du benefice de la dispense des quarente iours. Ce qui apporte vn retardement à la vente desdits offices, à quoy il estoit besoing de pouruoir. SA MAIESTE'

EN SONDIT CONSEIL, a ordonné & ordonne qu'en l'estat general des gabelles il sera laissé fonds par chacun an de la somme de quarente mil liures, souz le nom du Tresorier de la maison du Roy, pour le payement des gages desdits Officiers, lesquels iouyront du benefice de la dispense des quarente iours, comme les autres Officiers de ce Royaume; en payant par chacun an la somme de tréte trois liures six sols huict deniers à laquelle sa Majesté pour quelque consideration a taxé & moderé ledit droit, sans qu'il puisse estre augmenté à l'aduenir pour quelque cause & occasion que ce soit. FAICT au Conseil d'Estat du Roy, tenu à Paris le 27. iour de Decembre mil six cens treize.

Signé DEFLECELLES.

EXTRAICT DE L'ESTAT GENERAL des Gabelles de France dressé pour la distribution des deniers d'icelles, pour l'année mil six cens quatorze, auquel en la despence d'iceluy est l'article qui ensuit.

SERA laissé fonds soubs le nom dudit Tresorier de l'Espargne, de la somme de quarãte mil liures, qu'il receura dudit Duret soubsfermier des greniers de la generalité de Soissons, pour estre par luy deliurée au Tresorier de la maison de sa Majesté pour les gages des cent Secretaires de la Chambre du Roy, nouuellement créez. Suiuant l'Arrest du Conseil du vingt septiesme Decẽbre mil six cens treize. XL. mil liures.

Collationné aux originaux par moy Conseiller, Notaire & Secretaire du Roy, & de ses finances.

www.ingramcontent.com/pod-product-compliance
Lightning Source LLC
LaVergne TN
LVHW020010170826
845677LV00022B/1086

9782329630670